001

002

003

004

005

006

007

008

009

010

011

012

013

014

015

016

017

Plate 1

018

019

020

021

022

023

024

025

026

027

028

029

030

031

032

033

034

Plate 2

035

036

037

038

039

040

041

042

043

044

045

046

047

Plate 3

048

049

050

051

052

053

054

055

056

057

058

059

060

061

062

063

064

065

066

Plate 4

067

068

069

070

071

072

073

074

075

076

077

078

079

080

081

082

Plate 5

083

084

085

086

087

088

089

090

091

092

093

094

095

096

097

098

099

Plate 6

100

101

102

103

104

105

106

107

108

109

110

111

112

113

Plate 7

114

115

116

117

118

119

120

121

122

123

124

125

126

127

128

129

Plate 8

130

131

132

133

134

135

136

137

138

139

140

141

142

143

Plate 9

145

146

147

144

150

151

148

149

152

154

157

153

155

156

158

159

160

161

162

Plate 10

163

164

165

166

167

168

169

170

171

172

173

174

175

176

Plate 11

177

180

181

182

179

178

183

186

189

184

187

190

185

188

192

191

193

194

Plate 12

195

196

197

201

202

200

199

198

207

203

208

204

205

206

209

210

212

211

213

214

Plate 13

215

216

217

218

219

220

221

222

223

224

225

226

227

228

229

Plate 14

230

231

232

233

234

235

236

237

238

239

240

241

242

243

244

245

246

247

Plate 15

248

249

250

251

252

253

254

255

256

257

258

259

Plate 16

260

261

262

263

265

266

264

267

268

269

270

271

273

274

272

275

Plate 17

276

277

278

279

280

281

282

283

284

285

286

287

288

289

Plate 18

290

291

292

293

294

295

296

297

298

299

300

301

302

303

304

305

306

307

308

Plate 19

309

310

311

312

313

314

315

316

317

319

318

320

321

322

Plate 20

323

324

325

326

327

328

329

330

331

332

333

334

335

336

337

338

339

Plate 21

340

341

342

343

344

345

346

347

348

349

350

351

352

353

354

355

356

Plate 22

357

358

359

360

361

362

363

364

365

366

367

368

369

370

371

Plate 23

372

373

374

375

376

377

378

379

380

381

382

383

384

385

386

387

388

Plate 24